La Cuina del Rom 2023

Descobreix els sabors i els secrets de la cultura del rom en la teva cuina

Joan Costa

RESUM

GOSLING MARTINI Sidra de taronja 13

PIZZA DE RAÏM 14

LA BARDA 15

EXCAVADORA 16

BLANC GRAN 17

EL MICO VERD 18

LLORO VERD 19

GUAYAVITA 20

FELIÇ FINAL GILLIGAN 21

CASC 22

FIZZ D'HAVANA I PLÀTAN 23

COTXE DEL PAÍS DE L'HAVANA 24

ESPECIAL HAVANA 25

PINTURA HAWAIANA 26

HULA HAWAIÀ 27

NIT HAWAIANA 28

SABATES DE JARDÍ HAWAIÀ 29

HEMINGWAY DAIQUIRI 30

VACA SANTA PLÀTAN 31

MANTEGA CALENT ROMA 32

PUNXÓ DE ROM CALENT I SIDRA 33

HOT DADDY VOODOO 34

HORA DE LA BANDA 35

LLANGOSTA 36

Huracà ANDREW 37

trencaglaç	38
EN ROSES	39
dama indiferent	40
MAI ÉS INTERNACIONAL	41
GELAT GRAN ISLA	42
posta de sol a l'illa	43
ILLA DE FUSTA	44
COLADA ITALIANA	45
JADE	46
NEU DE JAMAICA	47
VACANCES A JAMAICA	48
XAT DE JAMAICA	49
POSTA DE SOL DE JAMAICA	50
DEspertador a Jamaica	51
Amant gelós	52
JONESTOWN COOL-AID	53
JUMBLE CERVESA	54
BALLA I FES-ME	55
BALL PLÀTAN-NANA	56
JINGLE FLAME	57
KAHLUA COLADA	58
UN SOMNI DE FITXES MESTRES	59
CANÇÓ DE KEY WEST	60
MATAR LA 'COLA	61
KILLER COLADA	62
RITA L'ASSASSIN	63
CAFÉ KINGSTON	64

Kingston Cosmos	65
KINGSTON SOUR	66
COCO-COLA	67
KON-TIKI	68
BENVINGUT	69
Senyor. HAMILTON	70
RIURES	71
LLUM I TEMPESTES	72
LLIMONA FRESCA	73
LLIME LUAU	74
BEGUDA DE CUA DE MERINGA LIMÓ	75
UNA FOTO D'AMOR	76
EL BASTÓ DE L'AMOR	77
FELIÇ FONS	78
MALIBU ACCOMPAÑAME	79
MALIBU DESPRÉS DEL TAN	80
PLÀTAN DE MALIBU	81
MALIBU PLÀTAN SPLIT BAIES	82
MALIBU BANANA MANGO BREEZE	83
PLÀTAN DE MALIBU PRIMERA	84
PLÀTAN DE MALIBU	85
MALIBU BANANA TROPIC-TINI	86
PLÀTAN MALIBU ZINGER	87
PLATJA DE MALIBU	88
LLAGONA BLAU MALIBU	89
MALIBU CARIBE	90
MALIBU COCO COLADA MARTINI	91

MALIBU COCO-COSMO	92
MALIBU COCO-LIBRE	93
CREMA DE COCO MALIBU	94
MALIBU COOLERS DE COCO	95
MALIBU ESTIU SENSE FINAL	96
MALIBU FUTBOL FRANCÉS	97
ILLES VERGES MALIBU	98
MALIBU MANGO BAY BREEZE	99
MALIBU MANGO KAMIKAZE	100
MALIBU MANGO-LIME MARTINI	101
MALIBU MANGO MAI AIXÒ	102
MALIBU MARGARITA	103
MALIBU MEGA-NUT	104
MALIBU MARE MEXICANA	105
BEDODO DE MALIBU DE MINYIT	106
MALIBU NOCHE LIBRE	107
PLATJA DE MALIBU	108
MALIBU ORANGE COLADA	109
MALIBU ORANGE PASSION	110
ELS FRUITS DE LA PASSIÓ PER L'ESPAI DE MALIBUS	111
MALIBU SAKE-TINI DE FRUITS DE LA PASSION	112
MALIBU PASSION POPS	113
TE DE PASSIÓ MALIBU	114
PINYA COSMOPOLITICA MALIBU	115
BOLA DE PINYA MALIBU	116
PINYA MALIBU	117
MALIBU PANAPLETINI	118

MALIBU ROOMBALL	119
MALIBU SOL	120
MALIBU PLUJA D'ESTIU	121
MALIBU Tan	122
MALIBU DOLÇ VERÍ	123
MALIBU TEQUILA PLÀTAN	124
SEX-A-PEEL DE PLÀTAN TROPICAL DE MALIBU	125
BEDODO TROPICAL DE MALIBU	126
MALIBU TROPICAL BLAST	127
OASI TROPICAL MALIBU	128
SANGRIA TROPICAL MALIBU	129
ÀCID TROPICAL MALIBU	130
POSTA DE SOL TROPICAL MALIBU	131
MALIBU VAINILLA PLÀTAN-TINI	132
MALIBU DREAM VAINILLA	133
MARE WANA	134
EL REI DE MAMBO	135
EL MENJADOR D'HOMES	136
MANGO BAJITO	137
DAIQUIRI DE MANGO (O GUIAVA)	138
UN SOMNI DE MANGO CONGELAT	139
MANGO MADRAS	140
MAI MANGA AIXÒ	141
MANGO MAMBO	142
RESIDUS DE MANGO	143
MARTI MOJO	144
MARIA PICKFORD	145

ESPECIAL MIAMI	146
MILIONARI	147
EL MILIONARI I LA SEVA DONA	148
MISSIÓ BOJA	149
MO BAIA MARTINI	150
MOJITO (267 SIGNATURA MANGO)	151
MOJITO (poma pera)	152
MOJITO (BI)	153
MOJITO (BERMUDES D'OR)	154
MOJITO (poma gran)	155
MOJITO (LIME BRINLEY)	156
MOJITO (SALA DE COCO)	157
MOJITO (COGOMBRES)	158
MOJITO (INGER)	159
MOJITO (MELÓ GRAN)	160
MOJITO (ROM DE LLIMONA)	161
MOJITO (BAIX CAL BACARDI)	162
MOJITO (MANGO MALIBU)	163
MOJITO (FRUITA DE LA PASSIÓ MALIBU)	164
MOJITO (milionari)	165
MOJITO (MALIBU NOCHE BLANCA)	166
MOJITO (O)	167
MOJITO (BACARDI ORIGINAL)	168
MOJITO (ROM DE PRÉSEC VERMELL)	169
MOJITO (SONNY'S)	170
MOJITO (picant)	171
MOJITO (TRADICIONAL / CUBÀ)	172

MOJITO (CLUB D'AIGUA) 173
MOJITO (baies silvestres) 174
MOJITO (HIVERN) 175
MOJITO MARTINI 176
SANGRIYA DE LA MARE 177
MICO ESPECIAL 178
mico CLAU 179
MARGARITA DE MONTAGUE 180
MÉS AQUEST MES 181
MORGAN BALL 182
JOLLY ROGER DE MORGANO 183
ÒXID DE MORGAN VERMELL 184
ROMA CONQUESTA PER ALEXANDER MORGAN 185
LA DONA MORGAN 186
GAY DEL MONTE GRINDER 187
SENYOR. LLEPAR 188
BTT I gingebre 189
SCREZZO silenciat 190
POMMA DE MYER 191
Onada de calor de Myers 192
MYER'S HONEY STUDIO 193
BATEIS DE LLIMONA DE MYER 194
LLANTARDA AL SALÓ DE MYER 195
ROM I CACA TROPICAL CALENT 196
BOTELLA DE ROM DE MYERS 197
BENVINGUTS A LA HABITACIÓ DE MYER 198
MYERS' ROMA VACANCES GROUGH 199

HABITACIÓ DE MYERS PROU DE VACANCES	200
RUM MYERS GARDEN PUNCH	201
MYERS' RUM SHARKBITE	202
CÒCTEL DE SOL HABITACIÓ MYER	203
EL SIZZER DE MYER	204
PUNCH BANCO DI MIRTO	205
GROG MARINO	206
NEÓ	207
LA NIT DE TERRANOVA HUMIL	208
NILLA COLA	209
DINOU	210
SALA NUFF	211
NYOTA (SWAHILI STAR)	212
BERMUDA ANTIGA	213
CÒCTEL "PERFECTE"	214
BOL DE TARONJA	215
COLADA TARONJA	216
PIÑA COLADA ORIGINAL	217
OR I SODA	218
OR Cosmo	219

GOSLING MARTINI Sidra de taronja

3 oz de rom Gosling's Gold Bermuda

1 culleradeta. una barreja de sucre i canyella

falca taronja

3 oz de sidra calenta, freda

¼ unça de suc de taronja

¼ oz de Cointreau

Toc taronja per a la decoració

Afegiu el sucre i la canyella a un plat. Frega una rodanxa de taronja sobre la vora d'una copa de martini i submergeix-la amb sucre de canyella. Agiteu els ingredients restants sobre gel i aboqueu-los en una copa de martini amb vora. Decoreu amb una pell de taronja.

PIZZA DE RAÏM

1¼ oz de rom Bacardi Light

suc de raïm per farcir

una rodanxa de llima o llimona

    Aboqueu el rom pàl·lid Bacardi en un got alt amb gel. Ompliu amb suc de raïm i afegiu-hi un raig de llimona o llimona.

LA BARDA

1 oz. Rom lleuger Bacardí

¼ oz de crema de menta Hiram Walker

1/2 unça de crema

    Barrejar amb gel picat.

EXCAVADORA

½ oz de rom de palla 80

½ unça de rom Malibu

½ oz de Midori

3 unces de suc de pinya

Serviu amb gel en un got alt.

BLANC GRAN

1 oz. El rom blanc fi del balener

1 oz. suc de nabius

4 oz. suc de taronja

rodanxa de llimona per guarnir

Aboqueu els ingredients en una copa de còctel amb gel. Decoreu amb una rodanxa de llimona.

EL MICO VERD

1 ½ oz. Malibu Tropical Banana Rom

¾ part de licor de meló

1 ½ oz. àcid fresc

1 ½ oz. suc de pinya

    Agitar amb gel. Servir amb gelat.

LLORO VERD

1 ½ oz. Habitació Appleton Estate V/X

4 oz. suc de taronja

1 oz. Curacao blau

rodanxa de taronja per guarnir

Aboqueu els ingredients un a un en l'ordre anterior en un got de tija alta sobre gel. No tocar. Decoreu amb una rodanxa de taronja.

GUAYAVITA

1 ½ oz. Rom Flor de Caña Grand Reserva 7 anys

1 oz. polpa de guaiaba

2 oz de barreja d'àcid

Agitar i servir amb gel.

FELIÇ FINAL GILLIGAN

1 oz. Rom de coco Malibu

1 oz. Malibu Mango Rum

1 oz. Malibu Tropical Banana Rom

½ unça de suc de nabiu

½ unça de suc de pinya

cireres per decorar

Agitar amb gel i servir amb gel. Decoreu amb una cirera.

CASC

1¼ oz de rom Silver Bacardi

1¼ unces de suc de llima fresc

1 culleradeta. sucre

¼ unça de granadina rosa

refresc de club per omplir

    Agiteu els tres primers ingredients amb gel i coleu-los en un 10 oz. Ompliu el got amb refresc.

FIZZ D'HAVANA I PLÀTAN

2 oz de rom lleuger

2½ unces de suc de pinya

1 ½ oz. suc de llima fresc

Línia 3-5 Peychaud bitters

1/3 plàtan, tallat a rodanxes

refresc de llimona amarga per farcir

Barregeu els cinc primers ingredients. Ompliu amb refresc de llimona amarga.

COTXE DEL PAÍS DE L'HAVANA

1 ½ oz. Ron daurat de Puerto Rico

¾ unça de suc de llimona

¾ triple unça seg

    Barrejar amb 3-4 glaçons.

ESPECIAL HAVANA

2 oz de rom blanc

1 cullerada. licor de cirera marrasquino

½ cullerada. sucre

1 oz. suc de llimona o llimona

Agitar i servir amb gel.

PINTURA HAWAIANA

1 ½ oz. Rom lleuger Bacardí

1 oz. suc de pinya

¼ unça de suc de llimona o llimona

¼ unça de granadina

refresc del club a la part superior

    Aboqueu els primers quatre ingredients en un got i poseu-hi refresc.

HULA HAWAIÀ

1½ parts de rom Malibu Tropical Banana

¾ part de nèctar de guaiaba

¾ part de barreja àcida fresca

llevataps taronja per a la decoració

    Agitar i colar en una copa de martini. Decoreu amb un llevataps taronja.

NIT HAWAIANA

1 oz. Rom lleuger Bacardí

¼ oz de brandy amb sabor a cirera Hiram Walker

suc de pinya per a la cobertura

    Aboqueu el rom Bacardi Light en un got alt mig ple de gel. Ompliu-lo amb suc de pinya i acabeu-ho amb brandi amb gust de cirera.

SABATES DE JARDÍ HAWAIÀ

1 ½ oz. Reserva de rom Pyrat XO

½ unça de licor de cítrics

1 ½ oz. fresc dolç i agre

½ unça de xarop simple

½ llesca de pinya pelada

cervesa de gingebre

branca de menta per guarnir

gingebre cristal·litzat per a guarnició

Batre els cinc primers ingredients. Ompliu amb cervesa de gingebre, després aboqueu-lo en un got amb gel. Decoreu amb una branca de menta fresca i gingebre confitat.

HEMINGWAY DAIQUIRI

1 ½ oz. 10 llaunes de rom

½ unça de licor de cirera Luxardo Maraschino

1 oz. suc d'aranja acabat d'esprémer

½ unça de suc de llima acabat d'esprémer

½ unça de xarop simple

roda de calç per a la decoració

cireres negres per a la decoració

Barregeu tots els ingredients en un got de mescla. Afegiu gel i agiteu enèrgicament. Colar en una copa de còctel molt freda. Decoreu amb una roda de llima i una cirera negra en una broqueta.

VACA SANTA PLÀTAN

1 oz. Shango romà

1 oz. crema de plàtan

1 ½ oz. crema

un polsim de granadina

rodanxa de plàtan per a la decoració

nou moscada ratllada per guarnir

Agitar amb gel picat i colar en un got. Col·loqueu una rodanxa de plàtan al damunt i empolseu lleugerament amb nou moscada.

MANTEGA CALENT ROMA

1 oz. Rum Whaler's Vanille, per porció

1 tassa de sucre

1 tassa de sucre moreno

1 tassa de mantega

2 tasses de gelat de vainilla

¾ tassa d'aigua bullint, per porció

nou moscada ratllada per guarnir

Barregeu el sucre i la mantega en una cassola de 2 litres. Coure a foc lent, remenant, fins que la mantega es fongui. Combineu la barreja cuita amb el gelat en un bol gran i bateu a velocitat mitjana fins que quedi suau. Refrigerar fins a 2 setmanes o congelar fins a un mes. Per a cada porció, ompliu ¼ de tassa de la barreja i afegiu-ne 1 oz. Rom de vainilla de balena i ¾ tassa d'aigua bullint. Espolvorear amb nou moscada.

PUNXÓ DE ROM CALENT I SIDRA

1 ampolla (750 ml) de rom lleuger Don Q

1/2 galó de sidra de poma

claus per guarnir

rodanxes de llimona per guarnir

branques de canyella per decorar

Aboqueu el rom Don Q Light en un bol i afegiu-hi la sidra de poma escalfada. Sacsejar. Decoreu amb rodanxes de llimona i clau. Afegiu una branca de canyella a cada tassa per obtenir més sabor. En guanya 12.

HOT DADDY VOODOO

1 oz. Rom amb espècies VooDoo

½ unça de brandi de caramel

5 unces de xocolata calenta

nata per sobre

Barregeu els tres primers ingredients en una tassa i guarniu-los amb nata muntada.

HORA DE LA BANDA

1 ½ oz. Rom condimentat premium d'Admiral Nelson

4 oz. suc de taronja

espolvorear amb granadina

Servir amb gelat.

LLANGOSTA

1 oz. Rom condimentat premium d'Admiral Nelson

1 oz. Cafè Lolita

2 cullerades de gelat de vainilla

Barrejar amb gel picat i servir en un got decoratiu.

Huracà ANDREW

1 oz. Rom de color Cockspur Five Star

1 oz. Rom blanc Cockspur

1 oz. xarop d'orgeat

1 oz. suc de fruita de la passió

3 unces de suc de taronja

1/2 unça de suc de llima

cireres marrasquines per guarnir

rodanxa de taronja per guarnir

Agiteu bé amb gel i coleu-lo en un got fred. Decoreu amb cireres al marrasquino, una rodanxa de taronja i un paraigua.

trencaglaç

½ oz de rom fosc original Myers

¼ unça de crema noa

¼ unça de brandi

¼ unça de ginebra

2 unces de suc de llimona

1 oz. suc de taronja

Sacsejar.

EN ROSES

1¼ oz de rom Myers Original Cream

1 oz. Coco Lopez autèntica crema de coco

1 culleradeta. Granadina

    Barrejar amb gel.

dama indiferent

¾ oz de rom amb espècies original Captain Morgan.

¾ unça de suc de llima

1 culleradeta. xarop simple

3 oz de refresc de club

    Aboqui rom, suc i xarop sobre gel en un got de bola alta. Sacsejar. Afegiu el llevat en pols i barregeu suaument.

MAI ÉS INTERNACIONAL

½ unça de rom Malibu

½ oz de rom fosc original Myers

½ unça de rom

1 culleradeta. xarop d'orgeat

2 unces de suc de pinya

2 oz de barreja agra dolça

Barrejar amb gel. Servir en un got alt.

GELAT GRAN ISLA

1 ½ oz. Rom negre porto-riqueny

3 unces de suc de pinya

3 unces de te gelat sense sucre

rodanxes de llimona o llima per guarnir

    Abocar en un got alt amb gel. Decoreu amb una rodanxa de llimona o llima.

posta de sol a l'illa

1 oz. Rom d'existències rars de Whaler

1 oz. El rom blanc fi del balener

1 cullerada. xarop de fruita de la passió

2 culleradetes de suc de llima

un polsim de granadina

Falca de llima per decorar

Agiteu i aboqueu-ho en un got fred amb gel. Decoreu amb una falca de llima.

ILLA DE FUSTA

1 ½ oz. Rom amb espècies VooDoo

1 ½ oz. Rom vermell

2 unces de suc de guayaba

2 unces de suc de mango

½ unça de suc de llima fresc

½ unça de suc de llimona fresc

Remenar amb gel i servir en un got alt.

COLADA ITALIANA

1 ½ oz. Rom blanc porto-riqueny

¾ unça de crema dolça

¼ oz de crema de coco real Coco Lopez

2 unces de suc de pinya

¼ unça d'amaretto

Barrejar amb 1 cullerada de gel picat.

JADE

1 ½ oz. Rom blanc porto-riqueny

¾ unça de suc de llima

1 cullerada. sucre

triple guió sec

crema suau de menta

    Sacsejar. Servir amb gelat.

NEU DE JAMAICA

1¼ unces de rom

½ oz de Curacao blau

2 oz de crema de coco real Coco Lopez

2 unces de suc de pinya

Barrejar amb 2 tasses de gel.

VACANCES A JAMAICA

11/3 oz. Habitació Appleton Estate V / X Jamaica

½ préssec (pelat o en conserva)

Suc de ½ llima

1 culleradeta. sucre

rodanxa de préssec per decorar

Barrejar amb 1 cullerada de gel picat. Servir en una copa de còctel. Decoreu amb una rodanxa de préssec.

XAT DE JAMAICA

1 tir Myers Original Dark Rum

1/2 tassa de whisky barrejat

2 unces de llet o nata

    Barrejar amb gel.

POSTA DE SOL DE JAMAICA

2 oz de rom Wray i nét

2 unces de suc de nabiu

3 unces de suc de taronja acabat d'esprémer

    Agiteu tots els ingredients amb gel i coleu-los en un got Collins ple de gel.

DEspertador a Jamaica

1 ½ oz. Habitació Appleton Estate V / X Jamaica

cafè negre calent a la part superior

nata per sobre

Aboqueu Appleton Estate V/X Jamaica Rum en una tassa de cafè. Aboqui el cafè i guarniu amb nata muntada.

Amant gelós

2 oz de rom estrella africà

3 maduixes grans

½ unça de suc de llima fresc

½ unça de suc de pinya

¾ unça de xarop simple

    Tritureu les maduixes. Agitar amb gel i colar en una copa de martini.

JONESTOWN COOL-AID

2 oz de rom vermell

½ unça de suc de pinya

½ unça de suc de nabiu

Agitar amb gel. Servir com a còctel o shooter.

JUMBLE CERVESA

1 oz. Rom Cruzan de coco

1 oz. Rom de pinya Cruzan

3 unces de suc de taronja

calç apagada

Barregeu els tres primers ingredients i afegiu-hi un raig de llima. Abocar en un got alt amb gel. Decorat amb una flor exòtica.

BALLA I FES-ME

1/2 unça de rom Wynde Sea

½ unça de licor Galliano

½ oz de licor d'albercoc Marie Brizard Apry

guió Dr. La barreja gurmet agredolça de Swami & Bone Daddy

suc de taronja

suc de pinya

    Agiteu els cinc primers ingredients amb gel i coleu-los en un got Collins. Damunt amb suc de taronja i suc de pinya.

BALL PLÀTAN-NANA

1/3 tassa de rom de plàtan Cruzan

1 amb. Plàtan

1 llima, espremuda

1 cullerada. mel o sucre en pols molt fi

1 culleradeta. Extracte de vainilla

rodanxa de pinya per guarnir

cireres per decorar

Barrejar amb 2 tasses de gel picat fins que quedi suau. Aboqueu-lo en un vas amb ratlla i guarniu amb una rodanxa de pinya i una cirera.

JINGLE FLAME

2 oz de rom estrella africà

rodanxes de llimona fresques

¼ unça de xarop simple

beguda amb gust de llima

    Tritureu una llimona i poseu-la a la batedora amb gel, rom africà Starr i xarop. Abocar en un got highball. A sobre amb refresc de llimona llimona.

KAHLUA COLADA

½ unça de rom

1 oz. Coco Lopez autèntica crema de coco

2 unces de suc de pinya

1 oz. Kahlua

Barrejar amb 1 tassa de gel.

UN SOMNI DE FITXES MESTRES

1 ½ oz. habitació lluminosa

¾ unça de suc de llima rosa

2 cullerades de gelat de vainilla

    Barrejar amb gel.

CANÇÓ DE KEY WEST

1¼ oz de rom amb espècies original Captain Morgan.

1 oz. crema de coco

2 unces de suc de taronja

    Barregeu fins que quedi suau amb 1 tassa de gel i aboqueu-lo en un got.

MATAR LA 'COLA

2 oz de rom de coco Killer Whaler's

Dormir 1/2 oz

4 oz. Cola

cireres per decorar

Abocar en una copa de còctel amb gel i decorar amb una cirera.

KILLER COLADA

3 oz de rom de coco Killer Whaler's

3 cullerades. llet de coco

3 cullerades. pinya tallada a rodanxes

rodanxa de pinya per guarnir

2 cireres per decorar

    Barrejar a alta velocitat amb 2 tasses de gel picat. Abocar en un got d'huracà refrigerat i decorar amb una rodanxa de pinya i cirera.

RITA L'ASSASSIN.

2 oz de rom de coco Killer Whaler's

1 oz. triple seg

1 oz. suc de pinya

1/2 unça de llet de coco

puja fins a la vora del vidre

cireres marrasquines per guarnir

Decoreu un got de margarita amb sal. Remeneu i aboqueu en un got de margarita amb gel. Decoreu amb cireres marrasquines.

CAFÉ KINGSTON

4 oz. cafè acabat de fer

1 oz. L'habitació de Myer

cullera de nata muntada

espolvorear amb xocolata agredolça en pols

branca de canyella per decorar

Aboqueu els dos primers ingredients en una tassa o tassa de cafè. Aboqueu-hi nata muntada i regeix-ho amb glaçat de xocolata negra. Decoreu amb una branca de canyella.

Kingston Cosmos

2 oz Appleton Estate V / X Rom Jamaica

½ oz de Cointreau

raig amb suc de nabiu

calç apagada

Aboqueu els dos primers ingredients en un got. Damunt amb suc de nabiu i un raig de llima.

KINGSTON SOUR

1 ½ oz. Rom Wray i nét

una llesca de pera fresca (i una més per decorar)

½ unça de suc de poma

1/2 unça de brandi d'albercoc

una mica de barreja àcida

1/8 oz. crema de cassis

Tritureu els tres primers ingredients i, a continuació, agiteu-los enèrgicament amb tots els altres ingredients sobre gel. Abocar en un got ple de gel. Decoreu amb una rodanxa de pera.

COCO-COLA

1 ½ oz. Rom Cruzan de coco

2 unces de refresc

premeu la cola

Barrejar amb gel i servir sobre gel.

KON-TIKI

1 ½ oz. Roma Set Tiki

2 unces de nèctar de mango

2 unces de suc de nabiu

absenta buida

Aboqueu-lo en un got highball amb gel. Sacsejar.

BENVINGUT

3 oz de rom Malibu

3 unces de suc de pinya

1 oz. gelat de llet o vainilla

Barrejar amb gel.

Senyor. HAMILTON

1 ½ oz. Neteja de sales

1 culleradeta. suc de llima fresc

Parts iguals:

   suc de fruita de la passió

   suc de taronja

   cervesa de gingebre

RIURES

1 ½ oz. Ron Cockspur or vell

1 oz. Suc de llima

1 culleradeta. sucre

3-4 fulles de menta

refresc del club a la part superior

Posa suc de llima, menta i sucre en un got Collins o Highball. Remeneu suaument per trencar la menta. Ompliu el got ¾ de ple amb gel. Afegiu el rom Cockspur Old Gold. Posa refresc per sobre. Barrejar bé.

LLUM I TEMPESTES

2 oz 10 de rom de canya

3-4 oz de cervesa de gingebre

½ unça de suc de llima acabat d'esprémer

Falca de llima per decorar

gingebre confitat per guarnir

Ompliu un got ple de gel. Barrejar tots els ingredients i barrejar. Decoreu-ho amb rodanxes de llima i gingebre confitat.

LLIMONA FRESCA

2 oz de rom Brinley Gold Lime.

3 unces de refresc de club (o refresc de llimona llimona si t'agrada més dolç)

1 vaixell de calç

Aboqueu els dos primers ingredients en un got. Premeu i guarniu amb una falca de llima.

LLIME LUAU

1 oz. Whale Big Island Banana Rom

2 unces de vodka

ruixeu amb suc de llima

raig amb xarop de taronja

Remenar amb gel i servir en una copa de còctel.

BEGUDA DE CUA DE MERINGA LIMÓ

2 oz de rom Bacardi Limon

1 oz. Disaronno Amaretto original

sucre en pols

nata muntada preparada (preferiblement en conserva)

Feu que algú us espolsei sucre en pols a la llengua i, a continuació, prengui un glop de Bacardi Limón amb infusió de Disaronno amaretto, però no us sufoqui. Feu que algú us aboqui nata muntada a la boca, després xurro i canti un petit tros de pastís.

UNA FOTO D'AMOR

1 oz. Roma

½ unça de licor de plàtan

½ oz triple sec

1 oz. suc de taronja

1 oz. suc de pinya

rodanxa de taronja per guarnir

rodanxa de pinya per guarnir

rodanxa de plàtan per a la decoració

Decoreu amb rodanxes de taronja, pinya i plàtan.

EL BASTÓ DE L'AMOR

2 oz de rom de colors de cinc estrelles Cockspur

1 oz. Rom blanc Cockspur

½ oz triple sec

1 oz. suc de pinya

1 oz. suc de taronja

1 oz. Suc de llima

¾ unça de xarop de fruita

Agiteu bé amb gel. Abocar en un got alt.

FELIÇ FONS

¾ oz de rom Bacardi Light

¼ oz d'anís Hiram Walker

¼ oz de crema de cacau blanc Hiram Walker

¾ unça de crema

MALIBU ACCOMPAÑAME

2 parts de rom de coco Malibu

Part 1 Hiram Walker Triple Sec

ruixeu amb suc de llima fresc

MALIBU DESPRÉS DEL TAN

1 part de rom de coco Malibu

1 part de crema de cacau blanc

2 cullerades de gelat de vainilla

Barrejar amb gel i servir en un got especial.

PLÀTAN DE MALIBU

1½ parts de nata

1 part de rom Malibu Tropical Banana

1 part de rom de coco Malibu

un polsim de granadina

nou moscada ratllada per ruixar

rodanxes de plàtan per guarnir

Agitar i colar en una copa de còctel. Espolvorear amb nou moscada i decorar amb rodanxes de plàtan.

MALIBU PLÀTAN SPLIT BAIES

1 part de rom Malibu Tropical Banana

1 part de vodka Stoli Razberi

suc de llimona

xarop simple

Agitar amb gel i servir en un got petit.

MALIBU BANANA MANGO BREEZE

1 part de rom Malibu Tropical Banana

1 part de rom de mango Malibu

1 part de barreja àcida fresca

1 part de suc de nabiu

PLÀTAN DE MALIBU PRIMERA

1 part de rom Malibu Tropical Banana

Part 1 Kahlúa

espolvorear amb schnaps de menta

PLÀTAN DE MALIBU

1 part de rom Malibu Tropical Banana

un raig d'amaretto

un raig de crema de cacau

nata per decorar

cireres per decorar

Decoreu amb nata i una cirera.

MALIBU BANANA TROPIC-TINI

1½ parts de rom Malibu Tropical Banana

½ part de brandi de préssec

una cullerada de puré de mango

raig amb nèctar de fruita de la passió

cireres per decorar

Agitar i servir com a martini. Decoreu amb una cirera.

PLÀTAN MALIBU ZINGER

2 oz de rom de banana tropical Malibu

2 cullerades de sorbet de llimona

2 oz de barreja d'àcid

rodanxa de llimona per guarnir

Barrejar en una batedora amb 2 tasses de gel. Decoreu amb una rodanxa de llimona. Fa 2 begudes.

PLATJA DE MALIBU

1 ½ oz. Rom Malibu

1 oz. Vodka Smirnoff

4 oz. suc de taronja

Servir amb gelat.

LLAGONA BLAU MALIBU

1 part de rom de coco Malibu

4 parts de suc de pinya

¾ part blava de curaçao

MALIBU CARIBE

3 parts de rom de coco Malibu

1 part de conyac Martel

½ part de pinya

½ part de suc de llimona fresc

rodanxa de llimona per guarnir

Servir amb gelat. Decoreu amb una rodanxa de llimona.

MALIBU COCO COLADA MARTINI

3 parts de rom de coco Malibu

Part 1 Hiram Walker Triple Sec

½ part de crema de coco genuïna Coco Lopez

½ part de suc de llima fresc

Falca de llima per decorar

Servir en una copa de martini. Decoreu amb una falca de llima.

MALIBU COCO-COSMO

2 parts de rom de coco Malibu

triple esquitxada sec

espolvorear amb suc de magrana

raig amb suc de nabiu

ruixeu amb suc de llima

un toc de llima per a la decoració

Agitar amb gel i colar en una copa de martini. Decoreu amb talls de llima.

MALIBU COCO-LIBRE

1 part de rom de coco Malibu

3 parts de coca

Falca de llima per decorar

Serviu amb gel en un got alt. Decoreu amb una falca de llima.

CREMA DE COCO MALIBU

2 parts de rom de coco Malibu

1 cullerada de iogurt congelat de vainilla

suc de taronja per a la cobertura

Aboqueu els dos primers ingredients en un got i aboqueu-hi el suc de taronja. Sacsejar. Servir com a flotadors. També es pot barrejar en una batedora i servir com a còctel.

MALIBU COOLERS DE COCO

2 parts de rom de coco Malibu

2 parts de refresc de llimona i llima

1 part de suc de llima

Serviu amb gel en un got alt.

MALIBU ESTIU SENSE FINAL

2 parts de rom Malibu Tropical Banana

1 llesca de llimona

1 vaixell de calç

rodanxes de plàtan per guarnir

Puré de llimones i llimes. Afegiu rom a un plàtan Malibu Tropical. Agitar i colar en una copa de martini. Decoreu amb rodanxes de plàtan.

MALIBU FUTBOL FRANCÉS

1 part de rom de fruita de la passió Malibu

espolvorear amb conyac Martell

ruixeu amb suc de llimona

raig amb xarop simple

ILLES VERGES MALIBU

2 parts de rom de coco Malibu

½ part de licor de préssec

½ part d'amaretto

MALIBU MANGO BAY BREEZE

2 parts de rom Malibu Mango

1½ parts de suc de nabiu

1½ parts de suc de pinya

MALIBU MANGO KAMIKAZE

1 part de rom de mango Malibu

1 part de vodka cítric Stoli

½ de la part triple sec

¾ suc de llima fresc

MALIBU MANGO-LIME MARTINI

1½ parts de rom de mango Malibu

1½ parts de vodka Stoli Vanil

1 part de suc de llima

1 part de xarop simple

MALIBU MANGO MAI AIXÒ

2 parts de rom Malibu Mango

1 part de suc de taronja

1 part de suc de pinya

ruixeu amb suc de llima

raig amb xarop simple

¼ unça de rom fosc

Aboqueu els cinc primers ingredients en un got i aboqueu-hi amb cura el rom fosc.

MALIBU MARGARITA

1¼ parts de rom de coco Malibu

1 part de tequila Tezon

½ part de curaçao blau

½ part de suc de llima fresc

1½ parts de suc de llimona ensucrat

Agiteu el contingut en un got de mescla fred i coleu-lo en un got especial. Decoreu amb una falca de llima.

MALIBU MEGA-NUT

2 parts de rom de coco Malibu

licor d'avellana

beguda amb gust de llima

coco ratllat per guarnir

Aboqueu els dos primers ingredients en un got alt amb gel i afegiu-hi refresc de llimona i llima. Decoreu amb escates de coco.

MALIBU MARE MEXICANA

1 part de rom de coco Malibu

½ part de licor de cafè Kahlúa

½ part de crema de menta blanca

1½ parts de nata

Agitar amb gel i colar en un got amb gel picat. Decoreu amb 2 fulles de menta.

BEDODO DE MALIBU DE MINYIT

1 part de rom de coco Malibu

½ part de rom Malibu Tropical Banana

1 part de curaçao blau

suc de pinya per a la cobertura

Ordi amb gelat. Es pot deixar balancejant o en capes.

MALIBU NOCHE LIBRE

1 part de rom de coco Malibu

3 parts de coca

ruixeu amb suc de llima

Falca de llima per decorar

Servir en un got Collins. Decoreu amb una falca de llima.

PLATJA DE MALIBU

1 oz. Rom Malibu

½ unça de crema irlandesa Baileys

Serveix com a xut.

MALIBU ORANGE COLADA

1 ½ oz. Rom Malibu

1 oz. triple seg

4 oz. Coco Lopez autèntica crema de coco

MALIBU ORANGE PASSION

1 part de rom de fruita de la passió Malibu

1 part de vodka Stoli

2 parts de suc de taronja

ELS FRUITS DE LA PASSIÓ PER L'ESPAI DE MALIBUS

1 part de rom de fruita de la passió Malibu

1 part de vodka Stoli Vanil

1 part de suc de nabiu ruixat amb aigua tònica

MALIBU SAKE-TINI DE FRUITS DE LA PASSION

1 part de rom de fruita de la passió Malibu

1 part de vodka Stoli

½ part de sake

espolvorear amb puré de fruita de la passió

MALIBU PASSION POPS

1 part de rom de fruita de la passió Malibu

esquitxat de cola

ruixeu amb suc de cirera

Agitar amb gel i colar en un got petit.

TE DE PASSIÓ MALIBU

1 part de rom de fruita de la passió Malibu

2 parts de te gelat

1 part de refresc de llimona llimona

Falca de llima per decorar

Serviu amb gel en un got alt. Decoreu amb una falca de llima.

PINYA COSMOPOLITICA MALIBU

1½ parts de rom de pinya Malibu

¾ part de Hiram Walker triple sec

¾ suc de llima fresc

¾ part de suc de nabiu

Falca de llima per decorar

Agiteu en un got de mescla fred i coleu-lo en un got de còctel molt fred. Decoreu amb una falca de llima.

BOLA DE PINYA MALIBU

2 parts de rom de pinya Malibu

raig amb suc de nabiu

barreja d'àcid ruixat

PINYA MALIBU

2 parts de rom de pinya Malibu

2 parts de suc de pinya

mescla àcida per farcir

rodanxa de pinya per guarnir

Aboqueu els dos primers ingredients en un got alt i ompliu-lo amb la barreja agredolça. Decoreu amb una rodanxa de pinya.

MALIBU PANAPLETINI

2 parts de rom de pinya Malibu

½ de la part triple sec

ruixeu amb suc de llima

espolvorear amb suc de taronja

rodanxa de taronja per guarnir

    Agitar amb gel i colar en una copa de martini. Decoreu amb una rodanxa de taronja.

MALIBU ROOMBALL

2 parts de rom de coco Malibu

2 parts de licor de meló o puré de meló

MALIBU SOL

3 parts de rom de coco Malibu

½ part d'amaretto

½ part de pinya

½ part de suc de llimona fresc

Serviu amb gel en un got de roques.

MALIBU PLUJA D'ESTIU

1 part de rom de coco Malibu

1 part de vodka Stoli

1 part de suc de llima fresc

2 parts de refresc

Falca de llima per decorar

Serviu-lo amb gel en un got alt i guarniu-lo amb una roda de llima.

MALIBU Tan

1 ½ oz. Rom Malibu

5 oz de te gelat

suc de llimona

    Servir amb gelat.

MALIBU DOLÇ VERÍ

1 part de rom de mango Malibu

ruixeu amb suc de llima

raig amb suc de nabiu

raig de rom Bacardi 151

MALIBU TEQUILA PLÀTAN

1 part de rom Malibu Tropical Banana

1 part de Tezón Reposado Tequila

ruixeu amb suc de llima

SEX-A-PEEL DE PLÀTAN TROPICAL DE MALIBU

1 part de rom Malibu Tropical Banana

½ part de Frangelico

1/2 part de crema irlandesa

cireres per decorar

Agitar i servir amb gel. Decoreu amb una cirera.

BEDODO TROPICAL DE MALIBU

1 part de rom de coco Malibu

1 part de suc de nabiu

2 parts de suc de pinya

rodanxa de pinya per guarnir

Serviu-lo en un got alt i guarniu-lo amb una falca de pinya.

MALIBU TROPICAL BLAST

2 parts de rom de coco Malibu

2 parts de suc de pinya

1 part de suc de magrana

Serviu amb gel en un got alt.

OASI TROPICAL MALIBU

2 parts de rom de coco Malibu

1 part d'amaretto

2 parts de iogurt congelat de vainilla

1 part de suc de taronja

1 part de suc de pinya

un polsim de mel

Barrejar i servir com a còctel congelat.

SANGRIA TROPICAL MALIBU

2 parts de rom Malibu Tropical Banana

2 parts de vi negre

Part 1 7UP

1 part de suc de taronja

fruita fresca per guarnir

cireres per decorar

Decoreu amb fruita fresca i cireres.

ÀCID TROPICAL MALIBU

1¼ parts de rom Malibu Tropical Banana

¾ d'una poma agra Hiram Walker

¾ part de barreja àcida fresca

llevataps taronja per a la decoració

Agitar i colar en una copa de martini. Decoreu amb un llevataps taronja.

POSTA DE SOL TROPICAL MALIBU

1½ parts de rom Malibu Tropical Banana

1 part de suc de taronja

1 part de refresc de llimona llimona

cireres per decorar

Decoreu amb una cirera.

MALIBU VAINILLA PLÀTAN-TINI

1½ parts de rom Malibu Tropical Banana

2½ parts de vodka Stoli Vanil

un raig d'amaretto

Toc taronja per a la decoració

Decoreu amb rodanxes de taronja.

MALIBU DREAM VAINILLA

1 part de rom de coco Malibu

½ part de vodka Stoli Vanil

½ part de suc de pinya

MARE WANA

1 oz. Rom amb cruzana taronja

1 oz. Rom Cruzan Banana

Aboqueu una mica de gel gruixut al got.

EL REI DE MAMBO

1 oz. Rom Tommy Bahama sorra blanca

1 oz. rom de coco

½ oz de rom Tommy Bahama Golden Sun

½ unça de licor de plàtan

3 unces de suc de pinya

broquetes de pinya per guarnir

Agiteu en un got pilsner amb gel. Decoreu amb espigues de pinya.

EL MENJADOR D'HOMES

1 oz. El rom blanc fi del balener

4 oz. Cola

½ unça de granadina

cireres per decorar

Abocar en una copa de còctel amb gel. Decoreu amb una cirera.

MANGO BAJITO

1 oz. Captain Morgan està aromatitzat amb rom

½ oz triple sec

3 unces de suc de mango

espolvorear amb xampany

Barrejar bé amb gel picat. Serviu-lo en un got de còctel o batut.

DAIQUIRI DE MANGO (O GUIAVA).

1 ½ oz. Un barril de rom

½ unça de suc de llima acabat d'esprémer

¼ unça de xarop simple

¾ unça de nèctar de mango (o nèctar de guaiaba)

1 culleradeta. sucre

Falca de llima per decorar

Agitar amb gel i colar en una copa de martini molt freda. Decoreu amb una falca de llima.

UN SOMNI DE MANGO CONGELAT

1¼ oz de rom Captain Morgan Parrot Bay Mango

½ unça d'amaretto

½ oz triple sec

2 unces de suc de taronja

1 cullerada de gelat de vainilla

cercle taronja per a la decoració

Barregeu fins que quedi suau amb 1 tassa de gel i aboqueu-lo en un got. Decoreu amb una roda taronja.

MANGO MADRAS

1 ½ oz. Rom de mango Parrot Bay

2 unces de suc de nabiu

2 unces de suc de taronja

rodanxa de taronja per guarnir

Abocar en un got amb gel i remenar. Decoreu amb una rodanxa de taronja.

MAI MANGA AIXÒ

1¼ oz. Capità Morgan Parrot Bay Mango Rom

1 ½ oz. Barreja de camamilla

1 ½ oz. suc de pinya

¼ unça de xarop d'orgeat

¼ unça de granadina

rodanxa de pinya per guarnir

cirera amb tija per a la decoració

Agitar amb gel i abocar en un got. Decoreu amb una rodanxa de pinya i una tija de cirera.

MANGO MAMBO

1 ½ oz. Hiram Walker Mango Snaps

1 ½ oz. Malibu Tropical Banana Rom

Agitar amb gel. Serviu directament en una copa de martini molt freda.

RESIDUS DE MANGO

¾ unça de barril de rom

¾ unça de nèctar de mango

Nèctar Moët de xampany de 2 oz

Remeneu-ho amb gel i coleu-ho en una copa de xampany freda.

MARTI MOJO

Part 1 de l'autèntic rom Martí

1 part de suc de pinya

1 part de suc de nabiu

branca de menta per guarnir

pinya per guarnir

Agitar bé i servir en una copa de martini. Decoreu amb una branca de menta fresca i pinya.

MARIA PICKFORD

1 ½ oz. Rom blanc porto-riqueny

1 ½ oz. suc de pinya

espolvorear amb granadina

Agiteu amb 1 cullerada de gel picat.

ESPECIAL MIAMI

1 oz. Rom lleuger Bacardí

¼ oz de crema de menta blanca Hiram Walker

¾ unça de suc de llimona o suc de llima rosa

Agitar i abocar en una copa de martini ben freda.

MILIONARI

¾ oz de rom amb espècies original Captain Morgan.

1/2 unça de licor de crema de plàtan

2 unces de suc de taronja

1 oz. mescla àcida

½ unça de xarop de dits

½ unça de granadina

Barregeu els cinc primers ingredients amb 1 tassa de gel picat fins a obtenir un espritz. Afegir la granadina i barrejar lleugerament.

EL MILIONARI I LA SEVA DONA

1 oz. Malibu Mango Rum

1 oz. Licor Alize Red Passion

Xampany

ratlladura de llimona per guarnir

Agiteu els dos primers ingredients amb gel i coleu-los en una copa de martini. Aboqueu xampany per sobre i decoreu amb una pell de llimona.

MISSIÓ BOJA

2 oz de rom de vainilla de balena

¾ unça d'amaretto

2 unces de suc de fruita de la passió

2 unces de suc de taronja

Falca de llima per decorar

cireres per decorar

Ompliu un got d'huracà amb gel. Aboqueu els ingredients en una coctelera i barregeu-ho bé. Aboqueu-hi gel i guarniu-ho amb una roda de llima i cirera.

MO BAIA MARTINI

2 oz Appleton Estate V / X Rom Jamaica

¼ unça de vermut sec extra

olives per guarnir

Agitar amb gel i colar en una copa de martini. Decorar amb olives.

MOJITO (267 SIGNATURA MANGO)

2½ oz 267 Infusió de rom de mango

4 branquetes de menta fresca (més més per guarnir)

ruixeu amb aigua amb gas

Falca de llima per decorar

Tritureu quatre branquetes de menta fresca al fons del got. Afegiu la infusió de mango amb un raig de refresc. Decoreu amb una falca de llima i diverses branques de menta.

MOJITO (poma pera)

Part 1 Bacardi Limón

Part 1 Gran Poma Bacardi

2 fulles de menta

2 parts de suc de pinya

2 parts de refresc

2 barques de calç

1 cullerada. sucre

Barrejar el sucre, les fulles de menta i la llima en un got i triturar bé. Afegiu-hi Bacardi Limon, Bacardi Big Apple i suc de pinya i poseu-hi refresc.

MOJITO (BI)

Part 1 Rum Bacardí

3 parts de refresc

12 fulles de menta

Suc de ½ llima

1 cullerada. mel

branquetes de menta o cercle de llima per a la decoració

Afegiu fulles de menta i gel picat al got. Aixafar bé amb un morter i una mà de mà. Afegiu suc de llima, mel i Bacardí; Remeneu-ho bé. Aboqueu refresc per sobre, barregeu-ho i guarniu-lo amb branquetes de menta o una roda de llima.

MOJITO (BERMUDES D'OR)

2 oz de rom Gosling's Gold Bermuda

6-8 fulles de menta verda

¼ unça de suc de llima fresc

1 culleradeta. Sucre súper fi

1/2 unça de refresc de club

Segell negre de rom de ¼ oz de Gosling

Aixafeu el suc de llima, el sucre i les fulles de menta en un got gran vintage (reserveu-ne uns quants per a la decoració), tritureu bé la menta. Afegiu el rom i el gel Gosling's Gold Bermuda. Damunt amb refresc i flotadors de rom Gosling Black Seal. Decoreu amb les fulles de menta restants.

MOJITO (poma gran)

1 part de rom Bacardi Big Apple

3 parts de refresc

12 fulles de menta

½ llima

½ part de sucre

branquetes de menta, rodanxes de poma verda per guarnir

Afegiu fulles de menta, sucre i llima a un got. Tritureu bé amb un morter i una mà de mà. Afegiu-hi el rom Bacardi Big Apple, poseu-hi refresc, barregeu-ho bé i guarniu-lo amb una branca de menta i una rodanxa de poma verda.

MOJITO (LIME BRINLEY)

2 parts de rom Brinley Gold Lime

3 parts de refresc

½ llima

6 fulles de menta

1 culleradeta. sucre

Premeu i tritureu ½ llima. Barrejar amb gel picat.

MOJITO (SALA DE COCO)

1 part de rom Bacardi Coco

3 parts de refresc de llimona i llima

12 fulles de menta

½ llima

branquetes de menta per guarnir

Afegiu fulles de menta i llima al got i tritureu bé. Afegiu rom i refresc i guarniu-ho amb branquetes de menta.

MOJITO (COGOMBRES)

1 ½ oz. 10 llaunes de rom

1 oz. suc de llima acabat d'esprémer

1 oz. xarop simple

8-10 fulles de menta

4 trossos de cogombre pelat

refresc del club a la part superior

rodanxa/pal de cogombre per a la decoració

Afegiu xarop simple, fulles de menta i cogombre al fons d'un got alt. Premeu suaument amb un morter. Ompliu amb gel picat. Afegiu-hi 10 canyes i el suc de llima. Barrejar suaument i abocar refresc. Decoreu amb una rodanxa o un pal de cogombre.

MOJITO (INGER)

1 part de rom Bacardí

3 parts de cervesa de gingebre

12 fulles de menta

½ llima

½ part de sucre simple

Com el Bacardi Mojito original, però amb cervesa de gingebre en lloc de refresc.

MOJITO (MELÓ GRAN)

1 part de rom Bacardi Grand Melon

3 parts de refresc

12 fulles de menta

½ llima

½ part de sucre

branquetes de menta per guarnir

roda de llima o rodanxa de síndria per guarnir

Afegiu fulles de menta, sucre i llima a un got. Tritureu bé amb un morter i una mà de mà. Afegiu-hi el rom Bacardi Grand Melon, remeneu-ho amb refresc, remeneu-ho bé i guarniu-lo amb una branca de menta i una rodanxa de llima o una rodanxa de síndria.

MOJITO (ROM DE LLIMONA)

1 part de rom Bacardi Limón

3 parts de refresc

12 fulles de menta

½ llima

½ part de sucre

branquetes de menta per guarnir

roda de llima o llimona per guarnir

Afegiu fulles de menta, sucre i llima a un got. Tritureu bé amb un morter i una mà de mà. Afegiu-hi el rom Bacardi Limón, remeneu-ho amb refresc, barregeu-ho bé i guarniu-lo amb una branca de menta i una roda de llima o llimona.

MOJITO (BAIX CAL BACARDI)

1 part de rom Bacardí

3 parts de refresc

12 fulles de menta

½ llima

3 bosses Splenda

branquetes de menta per guarnir

Falca de llima per decorar

Afegiu fulles de menta, Splenda i llima a un got. Batre amb un morter i una mà de mà. Afegiu Bacardi i després refresc. Barregeu-ho bé i guarniu-ho amb branquetes de menta i una rodanxa de llima.

MOJITO (MANGO MALIBU)

2½ parts de rom de mango Malibu

½ part de suc de llima fresc

½ part de xarop simple

3-4 branquetes de menta (més més per a la decoració)

3 talls de llima (més 1 per guarnir)

2-3 gotes d'aigua de soda

Aboqui suc de llima i xarop simple en un got. Afegiu-hi rodanxes de menta i llima i barregeu-ho bé. Afegiu gel, rom de mango Malibu i un raig de refresc. Decoreu amb una falca de llima i branquetes de menta.

MOJITO (FRUITA DE LA PASSIÓ MALIBU)

2 parts de Malibu Passion Rum

3 cullerades. suc de llimona fresc

2 cullerades. sucre

refresc del club

menta fresca

MOJITO (milionari)

1 ½ oz. 10 llaunes de rom

½ unça de xarop simple

1 oz. suc de llima acabat d'esprémer

8-10 fulles de menta

espolvorear amb xampany Moët & Chandon

branca de menta per guarnir

Afegiu xarop simple i fulles de menta al fons d'un got alt. Premeu suaument amb un morter. Ompliu amb gel picat. Afegiu-hi 10 canyes i el suc de llima. Remeneu suaument i remeneu amb xampany Moët & Chandon. Decoreu amb una branca de menta.

MOJITO (MALIBU NOCHE BLANCA)

3 parts de rom de coco Malibu

1 part de suc de llima fresc

1 part de xarop simple

1 part de refresc de club

8 fulles de menta

roda de calç per a la decoració

Servir en un got Collins. Decoreu amb una roda de llima.

MOJITO (O)

1 part de Bacardí o rom

3 parts de refresc

12 fulles de menta

½ llima

½ part de sucre

branquetes de menta per guarnir

cercle de llima o taronja per a la decoració

Afegiu fulles de menta, sucre i llima a un got. És bo picar amb un morter. Afegiu-hi el rom Bacardí O, poseu-hi refresc, remeneu-ho bé i guarniu-lo amb una branca de menta i una roda de llima o taronja.

MOJITO (BACARDI ORIGINAL)

1 part de rom Bacardí

3 parts de refresc

12 fulles de menta

½ llima

½ part de sucre

branquetes de menta o cercle de llima per a la decoració

Afegiu fulles de menta, sucre i llima a un got. És bo picar amb un morter. Afegiu-hi Bacardí, poseu-hi refresc, remeneu-ho bé i guarniu-lo amb una branca de menta o una roda de llima.

MOJITO (ROM DE PRÉSEC VERMELL)

1 part de rom vermell de préssec Bacardi

3 parts de refresc

12 fulles de menta

½ pesca

½ part de sucre

branquetes de menta per guarnir

rodanxa de préssec per decorar

Afegiu les fulles de menta, el sucre i els préssecs a un got. Tritureu bé amb un morter i una mà de mà. Afegiu-hi el rom Bacardi Peach Red, poseu-hi refresc, barregeu-ho bé i guarniu-lo amb branquetes de menta i una rodanxa de préssec.

MOJITO (SONNY'S)

½ llima, tallada a daus

2 cullerades. sucre

½ oz de Schnapps de menta Chateaux

1 oz. Millor rom Bacardí

Gel

refresc del club a la part superior

roda de calç per a la decoració

Afegiu llima i sucre al fons de 8 oz. got Afegiu grappa, gel i Bacardi. Aboqui refresc per sobre i guarniu amb una roda de llima.

MOJITO (picant)

1 ½ oz. Flor de Cana rom extra sec de 4 anys

2 síndries, tallades a daus d'1 polzada

1 llesca de jalapeño

10 fulles de menta fresca

¾ unça de suc de llima fresc

½ unça de xarop simple

1 ½ oz. refresc del club

triangle de síndria per a la decoració

rodanxa de jalapeño per guarnir

branca de menta per guarnir

Afegiu una rodanxa de jalapeño i els daus de síndria a un bol. Confondre amb menta. Afegiu rom extra sec Flor de Cana de 4 anys, xarop simple i suc de llima. Afegiu gel i agiteu. Colar en un got highball amb gel fresc i decorar amb refresc. Afegiu refresc de club amb un fort. Decoreu amb un triangle de síndria, una rodanxa de jalapeño i una branca de menta.

MOJITO (TRADICIONAL / CUBÀ)

1 oz. Rom lleuger Bacardí

1 cullerada. sucre

1 cullerada. Suc de llima

Ram de menta de 6 polzades

farcit de gelat

3 oz de refresc de club

2 gotes de bitter d'Angostura

Afegiu sucre, suc de llima i menta a un got Collins. Tritureu la tija de menta en un morter i tasteu-ho amb suc i sucre. Afegiu-hi rom, cobreixi el got amb gel i poseu-hi refresc i amarg. Barrejar bé. Cuida't!

MOJITO (CLUB D'AIGUA)

1 ½ oz. Rom lleuger Bacardí

1/2 unça de suc de llimona acabat d'esprémer

½ unça de suc de llima acabat d'esprémer

1 oz. Guarapo (extracte de canya de sucre)

½ oz de Curacao blau

6 fulles de menta

beguda del club splash

menta fresca per guarnir

Agiteu bé amb gel. Serviu-lo en un got Collins i guarniu-lo amb menta fresca.

MOJITO (baies silvestres)

1 ½ oz. Reserva de rom Pyrat XO

2-3 mores fresques, nabius i gerds

12-14 fulles de menta fresca

Suc d'1 llima

1 oz. xarop simple

ruixeu amb aigua amb gas

branca de menta per guarnir

sucre en pols per a la decoració

Combina menta, xarop simple, baies i suc de llima en un 14 oz. vidre highball. Ompliu el got amb gel picat i afegiu-hi rom Pyrat XO Reserve. Remeneu bé fins que el gel es redueixi en 1/3, després afegiu-hi més gel picat tot remenant fins que l'exterior del got comenci a assentar. Espolvorear amb refresc i remenar una última vegada per combinar. Decoreu amb dues palletes llargues i una branqueta de menta, espolvorades amb sucre llustre.

MOJITO (HIVERN)

1 ½ oz. Ron Anejo Pampero Especial Ron

¾ unça de suc de llimona fresc

¼ unça de xarop d'auró

2 gotes de bitter d'Angostura

6 branquetes de menta

Tritureu 5 branquetes de menta i carbassa amarga en una coctelera. Afegiu-hi rom Ron Anejo Pampero Especial, llima i xarop d'auró. Deixar reposar 1 minut. Agitar enèrgicament. Aboqui en un got doble antic amb gel fresc. Decoreu amb la branca de menta restant. Fet amb aigua calenta, es converteix en una joguina.

MOJITO MARTINI

1 ½ oz. Bacardí Limon

1/2 unça de vodka de llimona

½ llima, a quarts

8 fulles de menta

Ompliu una copa de martini amb gel picat perquè es refredi. Ompliu la coctelera a la meitat amb gel picat. Afegiu la resta d'ingredients, tapeu i bateu durant aproximadament 1 minut. Traieu el gel del got i aboqueu el mojito.

SANGRIYA DE LA MARE

8 llesques de poma Red Delicious

2 taronges petites tallades a quarts prims

12 maduixes, tallades a rodanxes

2 llimones, a rodanxes fines

12 unces de suc de taronja acabat d'esprémer

12 unces de suc de llimona fresc

6 oz de xarop simple

2 branques de canyella

Reserva de rom Pyrat XO de 8 oz

Fusta de cedre de 8 oz

2 ampolles de vi negre espanyol

7UP a dalt

Col·loqueu els ingredients anteriors, excepte el 7UP, en un recipient de vidre gran. Cobrir i refrigerar durant la nit. Quan estigui llest per servir, aboqueu-lo en un càntir ple de gel, ple a 2/3. Afegiu-hi la fruita fresca picada i poseu-hi 7UP. Remeneu suaument per combinar. Servir en una copa de vi amb gel.

MICO ESPECIAL

1 oz. habitació fosca

1 oz. habitació lluminosa

1/2 unça de plàtan, pelat

2 unces de gelat de vainilla/xocolata

xips de xocolata per decorar

Espolvorear amb xips de xocolata.

mico **CLAU**

1 ½ oz. Roman Sailor Jerry Spiced Navy

suc d'aranja per a la cobertura

Aboqueu Sailor Jerry Spiced Navy Rum sobre gel en un got Collins. Ompliu amb suc d'aranja i barregeu.

MARGARITA DE MONTAGUE

1 ½ oz. Habitació Appleton Estate V/X

½ oz triple sec

2 unces de suc de llimona o llimona

1 cullerada de gel picat

Barrejar-ho. Servir en un got alt.

MÉS AQUEST MES

1 oz. Rom Almirall Nelson Raspberry

1 oz. Almirall Nelson Coconut Rum

1 oz. Vodka

1 oz. Ginebra de Sloe

½ unça d'amaretto

2 unces de suc de taronja

3 unces de suc de pinya

cireres per decorar

ratlladura de llimona per guarnir

Agitar bé i abocar en un got alt amb gel. Decoreu amb cireres i pell de llimona.

MORGAN BALL

1¼ oz de rom amb espècies original Captain Morgan

3 unces de suc de pinya

crema de menta blanca per flotar

Barregeu els dos primers ingredients amb gel. Crema de menta blanca líquida. Servir en un got alt.

JOLLY ROGER DE MORGANO

¾ oz de rom amb espècies original Captain Morgan.

¾ unça de schnaps de canyella

Serveix com a xut.

ÒXID DE MORGAN VERMELL

1 oz. Captain Morgan Original Spiced Rom

1/2 unça de brandi de mora

2 unces de suc de pinya

1/2 unça de suc de llimona

Sacsejar.

ROMA CONQUESTA PER ALEXANDER MORGAN

1 oz. Captain Morgan Original Spiced Rom

1/2 unça de crema de cacau

1 oz. crema molt espessa

nou moscada ratllada per ruixar

Agitar i colar en un got. Espolvorear amb nou moscada.

LA DONA MORGAN

¾ oz de rom amb espècies original Captain Morgan.

¾ unça d'amaretto

crema de cacau fosc per a la natació

Serveix com a xut.

GAY DEL MONTE GRINDER

1 ½ oz. Roma Monte Gay

suc de nabiu per a la cobertura

esprai 7UP

Servir en un got alt.

SENYOR. LLEPAR

1 oz. Segell negre de rom Gosling

1 oz. licor d'albercoc

suc de pinya per a la cobertura

espolvorear amb granadina

Agitar amb gel i servir amb gel.

BTT I gingebre

1½ parts de rom Malibu Tropical Banana

cervesa de gingebre

rodanxa de llimona per guarnir

Decoreu amb una rodanxa de llimona.

SCREZZO silenciat

1 oz. Crit Roman Terranova

¼ unça de Triple Sec o Grand Marnier

2 unces de nata o llet

Col·loqueu Terranova Screech i triple sec o Grand Marnier sobre uns quants glaçons en un got. Damunt amb nata o llet. Ningú pot sentir-te cridar...

POMMA DE MYER

1 1/2 cops de rom Myers

1 llesca de taronja

6 unces de sidra calenta

Barrejar en una tassa resistent a la calor.

Onada de calor de Myers

¾ oz de rom fosc original Myers

½ oz de grappa de préssec

6 unces de suc de pinya

1 rajolí de granadina

Aboqueu els dos primers ingredients en un got amb gel. Ompliu de suc i guarniu amb granadina.

MYER'S HONEY STUDIO

2 oz de rom Myers

1 cullerada. mel

6 oz d'aigua tèbia

un polsim de nou moscada ratllada

Al fons d'una tassa resistent a la calor, barregeu la mel i el rom de Myer fins que la mel es fongui. Ompliu amb aigua calenta. Remeneu fins que es combini. Espolvorear amb nou moscada. La mel es pot substituir per melassa si es desitja.

BATEIS DE LLIMONA DE MYER

Vaig disparar el rom de Myer

2-3 daus de sucre

½ suc de llimona

6 oz d'aigua tèbia

1 branca de canyella

Batre el sucre, el rom Myers i el suc de llimona en un bol resistent a la calor fins que el sucre es dissolgui. Afegiu aigua calenta. Incorporeu-hi la canyella en branca fins que quedi ben combinada.

LLANTARDA AL SALÓ DE MYER

1 oz. L'habitació de Myer

½ oz d'amaretto de Leroux

farcit de cola

Falca de llima per decorar

Barregeu els dos primers ingredients en un got alt amb gel. Ompliu-vos amb Coca-Cola. Decoreu amb una falca de llima.

ROM I CACA TROPICAL CALENT

16 unces de rom Myers

4 oz. xocolata calenta agre dolça

maduixes cobertes de xocolata per guarnir

Aboqueu-ho en una tassa i guarniu-ho amb xips de xocolata negra. Decoreu amb maduixes cobertes de xocolata.

BOTELLA DE ROM DE MYERS

Vaig disparar el rom de Myer

Beguda amb gust de cola calenta de 8 oz

rodanxa de llimona per guarnir

Remeneu suaument en un got o tassa resistent a la calor. Decoreu amb una rodanxa de llimona.

BENVINGUTS A LA HABITACIÓ DE MYER

2 oz de rom Myers

1 culleradeta. sucre

6 oz de te calent

½ oz triple sec

un polsim de nou moscada

Combina els quatre primers ingredients en una tassa resistent a la calor. Espolvorear amb nou moscada.

MYERS' ROMA VACANCES GROUGH

1 oz. L'habitació de Myer

4 oz. sidra de poma fresca i calenta

rodanxes de llimones i taronges a rodanxes fines amb clau per guarnir

Abocar en una tassa. Decoreu amb rodanxes de llimona i taronja.

HABITACIÓ DE MYERS PROU DE VACANCES

4 oz. L'habitació de Myer

1 litre de gelat de vainilla baix en greix fos

cireres marrasquines per guarnir

branquetes de menta per guarnir

Barrejar en un bol gran i refredar. Aboqueu-les en copes de xampany i guarniu cadascuna amb una cirera marrasquino i una branca de menta fresca. Serveix de 6 a 8.

RUM MYERS GARDEN PUNCH

1¼ oz de rom Myers

3 unces de suc de taronja

Suc? llimona o llima

1 culleradeta. Sucre súper fi

un polsim de granadina

rodanxa de taronja per guarnir

cireres marrasquines per guarnir

Agiteu o bateu fins que estigui espumosa. Serviu-lo sobre gel picat en un got alt. Decoreu amb una rodanxa de taronja i una cirera de marrasquino.

MYERS' RUM SHARKBITE

1¼ oz de rom Myers

suc de taronja per a la cobertura

espolvorear amb granadina de Rose

Aboqui el rom de Myer en un got sobre glaçons. Ompliu amb suc de taronja i afegiu-hi un raig de granadina rosa.

CÒCTEL DE SOL HABITACIÓ MYER

1¼ oz de rom Myers

2 unces de suc de taronja

2 unces de suc d'aranja

½ culleradeta Sucre súper fi

un raig de bitter d'Angostura

cireres per decorar

Agiteu amb gel fins que estigui escumosa i aboqueu-ho en un got amb gel picat. Decoreu amb una cirera.

EL SIZZER DE MYER

Vaig disparar el rom de Myer

1 cullerada. cacau en pols

1 cullerada. sucre

1 tassa de llet bullida

cobert amb nata muntada endolcida

espolvorear amb cafè instantani o cacau en pols

Barregeu el cacau i el sucre en una tassa resistent a la calor. Afegiu la llet tèbia i el rom Myers. Remeneu fins que el cacau es dissolgui. Ompliu amb nata i espolvoreu amb cafè instantani o cacau.

PUNCH BANCO DI MIRTO

1¼ oz de rom amb espècies original Captain Morgan.

¼ unça de granadina

1 oz. Suc de llima

1 culleradeta. sucre

¼ unça de licor de cirera

cireres per decorar

rodanxa de taronja per guarnir

Aboqueu els quatre primers ingredients en un 10 oz. got sobre gel picat. Damunt amb licor de cirera i guarniment amb una rodanxa de cirera i taronja.

GROG MARINO

½ oz de rom Sailor Jerry Spiced Navy

½ unça de vodka

1/2 unça de tequila

½ oz triple sec

1 oz. Macarrons

1 oz. suc de taronja

1 oz. suc de pinya

1 oz. suc de nabius

rodanxa de taronja per guarnir

cireres per decorar

Agiteu amb gel i aboqueu-ho en un got highball. Decoreu amb una rodanxa de taronja i una cirera.

NEÓ

Rom de coco Captain Morgan Parrot Bay de 5 oz

1 oz. Grappa de la Casa Negra

3 unces de suc de pinya

Servir amb gelat.

LA NIT DE TERRANOVA HUMIL

1¼ oz de rom Terranova Screech

1-2 culleradetes de sucre moreno

per farcir cafè

nata per sobre

Aboqueu els dos primers ingredients en una tassa de cafè. Ompliu amb cafè i remeneu. Decorar amb nata muntada. Porta-ho al llit!

NILLA COLA

1 oz. Rom balener de vainilla

5 unces de coca

calç apagada

Falca de llima per decorar

Abocar en una copa de còctel amb gel. Decoreu amb una falca de llima.

DINOU

1 oz. Angostura 1919 rom Premium

1/2 unça de curaçao de taronja

2 oz de barreja agra dolça

½ culleradeta sucre

4 gotes de bitter aromàtic d'Angostura

Sacsejar.

SALA NUFF

2 oz de rom Wray i nét

3 unces de vi de gingebre

½ unça de limoncello

½ unça de xarop de préssec

3 gotes de bitter d'Angostura

suc de poma fresc per a un flotador

pell de taronja per guarnir

ratlladura de llimona per guarnir

Afegiu un got antic amb glaçons i remeneu. Decoreu amb pell de taronja i llimona.

NYOTA (SWAHILI STAR)

3 oz de rom estrella africà

1 ½ oz. puré d'acerola

Champagne Llopart Rosa Cava

cireres grogues per guarnir

Agiteu els dos primers ingredients amb gel i coleu-los en una copa de martini. Amb Llopart Rosa Cava o un altre xampany. Decoreu amb una cirera groga.

BERMUDA ANTIGA

1 ½ oz. Rom Gosling Gold Bermuda

6 fulles de menta

2 gotes d'amarg

1/2 unça de suc de llima

½ unça de xarop simple

¼ unça de xampany

un toc de llima per a la decoració

Tritureu les fulles de menta en una coctelera mig plena de gel. Afegiu-hi el rom Gosling, els amargs, el suc de llima i el xarop simple. Agitar bé i abocar en un got Collins. Damunt amb xampany. Decoreu amb talls de llima.

CÒCTEL "PERFECTE".

1 ½ oz. Un barril de rom

½ unça Spruce Marnier

1/2 unça de nèctar de mango

¼ unça de suc de llima acabat d'esprémer

rodanxa de mango per guarnir

Agitar amb gel i colar en una copa de martini molt freda. Decoreu amb una rodanxa de mango.

BOL DE TARONJA

1 oz. Bacardí o rom

4 oz. suc de taronja

2 oz de cervesa de gingebre

1 oz. Rom Bacardí Select

rodanxa de taronja per guarnir

branca de canyella per decorar

Aboqueu els quatre primers ingredients en una copa de vi. Flota el rom Bacardi Select per sobre. Decoreu amb una rodanxa de taronja i una branca de canyella.

COLADA TARONJA

2 oz de rom taronja Cruzana

1 llauna de 15 oz de crema de coco real Coco Lopez

4 oz. suc de pinya

4 oz. suc de taronja

Barrejar amb 4 tasses de gel.

PIÑA COLADA ORIGINAL

2 unces de rom lleuger porto-riqueny (o per a alguna cosa diferent, proveu Captain Morgan Parrot Bay Coconut Rum)

1 oz. Coco Lopez autèntica crema de coco

1 oz. crema molt espessa

6 unces de suc de pinya fresc

rodanxa de pinya per guarnir

cireres marrasquines per guarnir

Barregeu durant 15 segons amb ½ tassa de gel picat. Aboqui en un 12 oz. got Decoreu amb una rodanxa de pinya i una cirera marrasquino. Afegiu-hi una palla vermella. Consell: per obtenir el millor sabor tropical, utilitzeu sempre suc de pinya fresc, mai en conserva ni barrejat.

OR I SODA

2 oz de rom Oronoco

beure

Falca de llima per decorar

Aboqueu el rom Oronoco en un got de roques amb gel. Espolvorear amb bicarbonat de sodi i barrejar. Decoreu amb una falca de llima.

OR Cosmo

2 oz de rom Oronoco

1 cullerada. Gran Marnier

1 cullerada. suc de nabius

1 cullerada. Suc de llima

un toc de llima per a la decoració

Agiteu el gel i coleu-lo en una copa de martini molt freda. Decoreu amb talls de llima.

www.ingramcontent.com/pod-product-compliance
Lightning Source LLC
Chambersburg PA
CBHW070410120526
44590CB00014B/1342